Scoperti i Guerrieri di Terracotta

Segreti e misteri degli antichi guerrieri cinesi

Peter Garrett

Diritto d'autore @ PETER GARRETT 2024

Tutti i diritti riservati. Nessuna parte di questo libro può essere riprodotta o trasmessa in qualsiasi forma o con qualsiasi mezzo, elettronico o meccanico, comprese fotocopie, registrazioni o tramite qualsiasi sistema di archiviazione e recupero delle informazioni, senza il permesso scritto dell'editore.

Sommario

Introduzione... 4
    Breve panoramica della scoperta......... 5
    Significato storico................................ 5
    Scopo del libro................................... 6

Capitolo 1: La scoperta........................... 8
    Sfondo.. 8
    Prime impressioni............................... 10

Capitolo 2: Il contesto storico................ 14
    Panoramica della dinastia Qin.............. 14
    Le pratiche di sepoltura..................... 17

Capitolo 3: La costruzione dell'esercito........ 22
    Progettazione e pianificazione............... 22
    Materiali e Tecniche........................... 25
    I guerrieri e il loro equipaggiamento. 27

Capitolo 4: I Guerrieri Svelati................... 32
    Tipi di guerrieri.................................. 32
    Colore e Conservazione..................... 37

Capitolo 5: Misteri e teorie...................... 40
    Domande senza risposta..................... 40
    Teorie e speculazioni.......................... 43

Capitolo 6: Il complesso del mausoleo........ 48
    Disposizione e architettura................. 48

Misure di protezione e sicurezza........52
Capitolo 7: Innovazioni tecnologiche............58
Meraviglie dell'ingegneria......................58
Tecniche archeologiche moderne...... 62
Capitolo 8: L'eredità dell'Esercito di Terracotta.. 68
Impatto culturale...............................68
Significato globale............................71
Capitolo 9: Il futuro della ricerca.................76
Scavi in corso... 76
Sviluppi tecnologici......................... 79
Conclusione....................................... 84

Introduzione

Introduzione all'Esercito di Terracotta

Immagina di imbatterti in un mondo nascosto, rimasto nascosto per oltre due millenni, con i suoi segreti sepolti sotto strati di suolo e tempo. Questo è esattamente quello che accadde nella primavera del 1974, quando un gruppo di agricoltori nella provincia cinese dello Shaanxi portò alla luce una delle scoperte archeologiche più sorprendenti del XX secolo: l'Esercito di Terracotta. Queste figure a grandezza naturale, ciascuna realizzata con cura con caratteristiche facciali ed espressioni uniche, sono state create per accompagnare il primo imperatore cinese, Qin Shi Huang, nell'aldilà. Oggi, l'Esercito di Terracotta rappresenta non solo una testimonianza dell'antico artigianato cinese, ma anche una finestra su un'epoca passata di potenza militare e ambizione imperiale.

Breve panoramica della scoperta

La scoperta dell'Esercito di Terracotta è stata fortuita. Scavando un pozzo i contadini rinvennero frammenti di figure in terracotta. Questa scoperta inaspettata portò a una serie di scavi che rivelarono migliaia di guerrieri, cavalli e carri disposti in formazione di battaglia. Queste figure facevano parte di una vasta necropoli costruita per l'imperatore Qin Shi Huang, che unificò la Cina e iniziò la costruzione della Grande Muraglia. Il sito si estende per ben 56 chilometri quadrati e comprende non solo l'esercito ma anche numerosi altri manufatti e strutture, molti dei quali rimangono inesplorati fino ad oggi.

Significato storico

L'Esercito di Terracotta offre uno sguardo senza precedenti sul panorama militare, culturale e politico dell'antica Cina. Riflette la grandezza e il potere della dinastia Qin, mettendo in mostra la ricerca dell'imperatore per la vita eterna e il suo desiderio di mantenere la sua sovranità anche nella morte. La complessità e le dimensioni dell'Esercito di Terracotta evidenziano le tecnologie avanzate e le capacità organizzative dell'era Qin, creando un precedente per le dinastie successive. Inoltre, questa meraviglia archeologica fornisce informazioni preziose sulla vita quotidiana, le credenze e le conquiste artistiche delle persone di quel tempo, rendendola una risorsa cruciale per storici e studiosi.

Scopo del libro

"L'esercito di terracotta scoperto: segreti e misteri degli antichi guerrieri cinesi" si propone di approfondire questa affascinante scoperta, svelando gli enigmi che la circondano. Questo libro è progettato per essere sia educativo che coinvolgente, offrendo ai lettori un'esplorazione completa della storia, della costruzione e del significato dell'Esercito di Terracotta. Esaminando il contesto in cui furono creati questi guerrieri, il libro cerca di illuminare il quadro culturale e storico più ampio della dinastia Qin. Inoltre, esplorerà i vari misteri che ancora lasciano perplessi archeologi e storici, dalle tecniche utilizzate per realizzare le figure allo scopo dell'ampia disposizione del mausoleo.

Capitolo 1: La scoperta

Sfondo

Il racconto della scoperta dell'Esercito di Terracotta è un affascinante connubio tra caso e curiosità storica. Nel marzo del 1974, nel tranquillo villaggio di Xiyang, vicino alla città di Xi'an, nella provincia dello Shaanxi, un gruppo di contadini stava scavando un pozzo. L'acqua scarseggiava in questa regione arida e gli agricoltori speravano di trovare una nuova fonte per i loro raccolti. Non sapevano che la loro ricerca avrebbe portato alla luce uno dei più grandi tesori archeologici di tutti i tempi, rivelando un capitolo nascosto dell'antica storia della Cina.

Scoperta iniziale da parte degli agricoltori locali nel 1974

Man mano che i contadini scavano più a fondo nella terra asciutta, cominciarono a incontrare frammenti di argilla cotta. Inizialmente perplessi, continuarono a scavare, rivelando infine la forma inconfondibile di una figura in terracotta. La scoperta è stata allo stesso tempo emozionante e sconcertante. Gli agricoltori, ignari della portata della scoperta, hanno allertato le autorità locali. Ciò innescò una serie di eventi che avrebbero portato alla rivelazione del vasto esercito sotterraneo creato per proteggere il primo imperatore cinese, Qin Shi Huang, nella sua vita ultraterrena.

Risposta archeologica e successivi scavi

Il governo locale ha subito riconosciuto la potenziale importanza del ritrovamento e ha chiamato gli archeologi dell'Ufficio provinciale delle reliquie culturali dello Shaanxi. All'arrivo, gli archeologi rimasero sbalorditi. I frammenti erano solo l'inizio; man mano che scavavano ulteriormente, scoprivano sempre più figure, ciascuna unica nei suoi dettagli e nella sua maestria.

Rendendosi conto dell'importanza del sito, fu avviato uno scavo su larga scala. Questo sforzo ha rivelato tre fosse principali, contenenti migliaia di guerrieri, cavalli e carri di terracotta a grandezza naturale disposti in precise formazioni militari. Il sito faceva parte di un'enorme necropoli progettata per accompagnare Qin Shi Huang, riflettendo il potere e l'ambizione dell'imperatore. La scoperta non fu solo un evento locale ma un evento internazionale, che attirò l'attenzione di storici, archeologi e del pubblico in generale in tutto il mondo.

Prime impressioni

Le prime impressioni dell'Esercito di Terracotta furono un misto di stupore e intrigo. La vastità del ritrovamento era sconcertante. Ogni guerriero era alto circa un metro e ottanta, con dettagli intricati che conferivano loro personalità individuali. La varietà delle figure - fanti, arcieri, cavalieri e aurighi - dimostrava una comprensione sofisticata dell'organizzazione militare.

Prime interpretazioni e teorie

Le prime interpretazioni dell'Esercito di Terracotta erano incentrate sul suo ruolo di forza guardiana dell'imperatore nell'aldilà. Ciò era in linea con le antiche credenze cinesi sull'aldilà e sulla necessità di protezione e servizio oltre la morte. Alcuni studiosi hanno teorizzato che le figure rappresentassero veri e propri soldati dell'esercito di Qin Shi Huang, meticolosamente ricreati in terracotta. Altri hanno suggerito che la diversità dei lineamenti e delle espressioni facciali potrebbe riflettere la natura multiculturale dell'Impero Qin, che comprendeva artigiani e soldati provenienti da varie regioni.

È emersa un'altra teoria convincente sull'abilità tecnologica e logistica necessaria per creare un esercito così vasto e dettagliato. La costruzione dell'Esercito di Terracotta coinvolse probabilmente migliaia di lavoratori, tra cui artigiani, operai e consiglieri militari, che lavoravano secondo rigide direttive imperiali. Il livello di organizzazione e di allocazione delle risorse evidenzia le capacità amministrative dell'imperatore e il controllo centralizzato dello stato di Qin.

Impatto sulla comunità archeologica

La scoperta dell'Esercito di Terracotta ha avuto un profondo impatto sulla comunità archeologica. Ha sfidato le percezioni esistenti dell'antica storia cinese e ha messo in mostra lo stato avanzato dell'artigianato e dell'ingegneria della dinastia Qin. La scoperta ha stimolato un rinnovato interesse per l'archeologia e la storia cinese, spingendo ulteriori indagini su altri siti storici e manufatti del periodo.

L'Esercito di Terracotta divenne anche un simbolo del ricco patrimonio culturale della Cina, attirando studiosi e turisti da tutto il mondo. Il sito stesso è stato trasformato in un importante museo archeologico, preservando ed esponendo i guerrieri per le generazioni future. Ciò ha consentito la ricerca continua e gli sforzi di conservazione, garantendo che i segreti dell'Esercito di Terracotta continuino a essere esplorati e compresi.

La scoperta dell'Esercito di Terracotta è stata un momento fondamentale per l'archeologia, rivelando non solo un tesoro sepolto ma anche una ricchezza di informazioni sulle conquiste militari, culturali e tecnologiche dell'antica Cina.

Capitolo 2: Il contesto storico

Panoramica della dinastia Qin

Per apprezzare appieno l'Esercito di Terracotta è fondamentale comprendere il contesto storico in cui è stato realizzato. La dinastia Qin, sebbene di breve durata, fu un periodo di significativa trasformazione e consolidamento nella storia cinese. Dal 221 al 206 a.C., la dinastia Qin segnò la fine del periodo degli Stati Combattenti e l'inizio della Cina imperiale. Quest'era fu definita dal suo primo imperatore, Qin Shi Huang, la cui ambizione e visione unificarono la Cina e gettarono le basi per uno stato centralizzato che sarebbe durato per millenni.

Ascesa di Qin Shi Huang

Nato come Ying Zheng nel 259 a.C., Qin Shi Huang salì al trono dello stato di Qin alla tenera età di 13 anni, in seguito alla morte di suo padre, il re Zhongxiang. Durante il suo primo regno, il regno era governato da un reggente, ma quando Ying Zheng maturò, prese il controllo, dimostrando di essere un leader formidabile e strategico. Attraverso una combinazione di abilità militari, diplomazia ed efficienza spietata, sconfisse sistematicamente gli altri sei stati in guerra: Han, Zhao, Wei, Chu, Yan e Qi, culminando nell'unificazione della Cina nel 221 a.C. Dopo la sua vittoria, si dichiarò Qin Shi Huang, che significa Primo Imperatore, a significare l'inizio di una nuova epoca nella storia cinese.

Unificazione della Cina

L'unificazione della Cina da parte di Qin Shi Huang non fu semplicemente una conquista politica ma un consolidamento trasformativo del potere. Ha implementato riforme radicali per standardizzare vari aspetti della società cinese, tra cui il codice legale, la valuta, i pesi e le misure e persino la scrittura. Queste riforme facilitarono il commercio, la comunicazione e la governance in tutto il vasto impero, promuovendo un senso di unità e identità tra regioni precedentemente disparate.

Inoltre, Qin Shi Huang intraprese massicci progetti infrastrutturali, il più famoso dei quali fu la costruzione della Grande Muraglia, progettata per proteggere i confini settentrionali dalle invasioni nomadi. Il suo regime costruì anche una vasta rete di strade e canali, migliorando i trasporti e l'integrazione economica in tutto l'impero. Tuttavia, questi progetti ambiziosi hanno avuto un costo umano significativo, con innumerevoli lavoratori arruolati per lavorare in condizioni difficili.

Risultati politici e culturali

Le conquiste politiche della dinastia Qin furono monumentali. L'istituzione di un sistema burocratico centralizzato, con l'imperatore al suo apice, sostituì la struttura feudale del periodo degli Stati Combattenti. Questo sistema si basava su nomine basate sul merito e su rigorosi principi legalisti, sottolineando la legge e l'ordine sopra ogni altra cosa. Sebbene queste misure abbiano contribuito a mantenere la stabilità e il controllo, hanno anche suscitato un diffuso risentimento a causa della loro durezza.

Culturalmente, la dinastia Qin promosse lo sviluppo dell'arte, dell'architettura e della filosofia, sebbene quest'ultima fosse spesso sotto l'occhio severo della censura. È noto che il regime di Qin Shi Huang represse il dissenso bruciando libri e perseguitando gli studiosi che si oppongono all'ideologia statale. Nonostante queste misure repressive, il periodo vide notevoli progressi nella metallurgia, nella ceramica e nelle belle arti, come testimonia la straordinaria maestria dell'Esercito di Terracotta.

Le pratiche di sepoltura

Le antiche usanze funerarie cinesi erano profondamente radicate nella convinzione che la vita continuasse dopo la morte e che il defunto richiedesse le stesse provviste e protezione nell'aldilà come in vita. Questo concetto era particolarmente pronunciato tra la nobiltà, che costruì tombe elaborate piene di beni, tesori e persino vittime sacrificali per servirli nell'aldilà. La scala e la complessità di queste sepolture variano a seconda dello status sociale e della ricchezza dell'individuo.

Antiche usanze funebri cinesi

La costruzione del mausoleo di Qin Shi Huang, iniziata poco dopo la sua ascesa al trono, riflette queste antiche pratiche portate a un livello senza precedenti. Secondo i documenti storici, oltre 700.000 lavoratori furono arruolati per costruire la vasta necropoli, che comprendeva non solo l'Esercito di Terracotta ma anche un intero palazzo sotterraneo completo di fiumi di mercurio, che rappresentavano la visione dell'imperatore del suo dominio eterno.

Il concetto di vita ultraterrena nella cultura cinese era multiforme e combinava elementi del culto degli antenati, della ricerca taoista dell'immortalità e degli ideali confuciani di pietà filiale. Si credeva che gli antenati possedessero il potere di influenzare le fortune dei loro discendenti, richiedendo venerazione e offerte continue. Questo sistema di credenze sottolinea la costruzione di grandi tombe e l'inclusione di oggetti destinati a fornire conforto e status nell'aldilà.

Il concetto di aldilà nella cultura cinese

L'ossessione di Qin Shi Huang per l'immortalità era ben documentata. Cercava elisir di lunga vita e consultava maghi e alchimisti, sperando di sfuggire alla morte. Il suo mausoleo, con il suo Esercito di Terracotta e il design elaborato, può essere visto come la massima espressione di questa ricerca. Il desiderio dell'imperatore di proteggere e sostenere il suo potere anche nella morte portò alla creazione di una tomba che non fosse semplicemente un luogo di riposo eterno ma un microcosmo fortificato del suo impero.

L'Esercito di Terracotta, in quanto guardiano della tomba, esemplifica questa profonda fede nella continuità dell'aldilà e nella necessità di protezione contro le minacce spirituali. Ogni guerriero, meticolosamente realizzato e armato, era destinato a servire e difendere l'imperatore nel suo viaggio eterno, assicurando che il suo regno continuasse incontrastato oltre il regno mortale.

Il contesto storico della dinastia Qin e la vita di Qin Shi Huang forniscono spunti cruciali sulla creazione dell'Esercito di Terracotta. Comprendere l'ambiente politico, culturale e spirituale dell'epoca ci permette di apprezzare il significato e la grandezza di questo straordinario ritrovamento archeologico.

Capitolo 3: La costruzione dell'esercito

Progettazione e pianificazione

La creazione dell'Esercito di Terracotta fu un compito monumentale che richiedeva una progettazione e una pianificazione meticolose. Questo grande progetto iniziò non appena Qin Shi Huang salì al trono, riflettendo la sua ossessione per l'immortalità e l'aldilà. Il complesso del mausoleo dell'imperatore, situato vicino all'odierna Xi'an, fu progettato per essere un microcosmo del suo impero, completo di palazzi, uffici, scuderie e l'esercito che lo avrebbe protetto nell'aldilà.

L'impianto architettonico del mausoleo è ampio e intricato. Il tumulo centrale, dove si ritiene sia sepolto l'imperatore, è circondato da una vasta necropoli che copre circa 56 chilometri quadrati. L'Esercito di Terracotta è situato ad est della tomba centrale, disposto in tre fosse primarie. Queste fosse contengono figure a grandezza naturale di soldati, carri e cavalli, tutti posizionati strategicamente per proteggere il luogo di riposo eterno dell'imperatore.

Disposizione architettonica del Mausoleo

La fossa 1, la più grande delle tre, misura circa 230 metri di lunghezza e 62 metri di larghezza. Ospita il corpo principale dell'esercito, disposto in formazione rettangolare con colonne di fanti in piedi sull'attenti. La fossa 2, leggermente più piccola, contiene un mix di cavalleria, fanteria, arcieri e carri, suggerendo una forza più dinamica e versatile. La fossa 3, la più piccola, sembra essere il centro di comando, che ospitava ufficiali di alto rango e un carro, forse rappresentante il posto di comando dell'esercito.

La disposizione precisa e l'organizzazione dell'Esercito di Terracotta riflettono un alto livello di strategia militare e controllo amministrativo, rispecchiando la struttura effettiva delle forze della vita reale di Qin Shi Huang. Questo progetto elaborato ha richiesto un'attenta coordinazione e pianificazione, coinvolgendo numerosi specialisti e artigiani.

Ruolo degli artigiani e della forza lavoro

La costruzione dell'Esercito di Terracotta mobilitò un'enorme forza lavoro. I documenti storici stimano che oltre 700.000 lavoratori, inclusi artigiani, operai e soldati, furono arruolati per lavorare nel complesso del mausoleo. Gli artigiani che hanno realizzato le figure provenivano probabilmente da varie regioni dell'Impero Qin, apportando diverse competenze e tecniche al progetto.

Questi artigiani erano responsabili delle caratteristiche dettagliate e personalizzate di ogni figura. I guerrieri sono stati creati utilizzando una combinazione di tecniche di catena di montaggio e abilità artistica individuale. Teste, braccia, gambe e torsi sono stati prodotti separatamente, quindi assemblati e dettagliati per creare soldati unici e realistici. Questo metodo consentiva efficienza garantendo allo stesso tempo che non esistessero due figure esattamente uguali, aumentando il realismo e la grandiosità dell'esercito.

Materiali e Tecniche

Il materiale principale utilizzato nella costruzione dell'Esercito di Terracotta era un tipo di argilla locale, abbondante nella regione intorno a Xi'an. Questa argilla è stata accuratamente selezionata per la sua malleabilità e durata, garantendo che le figure resisteranno alla prova del tempo.

Tipi di argilla e altri materiali utilizzati

L'argilla veniva mescolata con acqua e altri materiali per ottenere la consistenza desiderata. Gli artigiani utilizzano stampi in legno per modellare le forme base delle figure, che venivano poi rifinite e dettagliate a mano. Le figure assemblate venivano lasciate asciugare all'aria prima di essere cotte in forni ad alte temperature, un processo che induriva l'argilla e preservava gli intricati dettagli.

Oltre all'argilla, le figure erano originariamente dipinte con pigmenti luminosi, conferendo loro un aspetto realistico. Sulle figure sono state trovate tracce di rosso, verde, blu e altri colori, sebbene gran parte della vernice sia sbiadita o sfaldata nel tempo a causa dell'esposizione all'aria e all'umidità.

Metodi e strumenti di costruzione

La costruzione dell'Esercito di Terracotta richiede una varietà di strumenti e tecniche. Stampi in legno, strumenti da intaglio e pennelli sono stati utilizzati per modellare e dettagliare le figure. Gli artigiani hanno utilizzato una combinazione di metodi di lavorazione artigianale e di catena di montaggio, consentendo sia efficienza che personalizzazione. Una volta assemblate, le figure venivano poste nei forni per la cottura, un processo che richiede un attento controllo della temperatura e dei tempi per garantire che l'argilla si indurisce correttamente.

Le figure venivano poi dipinte con uno strato di lacca, seguito da pigmenti per aggiungere colore realistico alle uniformi, alle armature e ai lineamenti del viso. L'assemblaggio finale prevedeva il posizionamento delle figure nelle fosse secondo le formazioni militari prestabilite, un compito che richiede un'organizzazione e un coordinamento precisi.

I guerrieri e il loro equipaggiamento

L'Esercito di Terracotta è composto da diversi tipi di figure, ciascuna delle quali rappresenta vari ruoli all'interno della gerarchia militare. Le figure più comuni sono i soldati di fanteria, che sono pronti per la battaglia in file. Queste figure sono raffigurate con acconciature, tratti del viso e uniformi distinti, che riflettono la diversità delle forze di Qin Shi Huang.

Descrizione dettagliata dei diversi tipi di figure (soldati, cavalli, carri)

1. **Soldati di fanteria:** Le figure di fanteria sono raffigurate con tuniche, armature e copricapi caratteristici. Sono generalmente mostrati in posizione eretta, con alcuni che impugnano armi come lance, spade o balestre. Il livello di dettaglio nelle loro

espressioni facciali e nelle uniformi suggerisce che potrebbero essere stati modellati su veri soldati.
2. **Arcieri:** Sono presenti figure di arcieri sia in ginocchio che in piedi, raffigurati con i loro archi e frecce. Gli arcieri in ginocchio sono mostrati in una posizione pronta a sparare, mentre gli arcieri in piedi sembrano pronti a impegnarsi in battaglia.
3. **Cavalleggeri:** Le figure della cavalleria sono mostrate accanto a cavalli di terracotta a grandezza naturale. I cavalieri indossano lunghi cappotti ed elmi, indicando il loro status superiore. I cavalli sono realizzati meticolosamente e presentano briglie, selle e altro equipaggiamento, sottolineando la loro importanza nell'esercito Qin.
4. **Aurighi:** Le figure dei carri includono conducenti e guerrieri che cavalcavano sui carri durante le battaglie. Queste figure sono raffigurate con redini e armi, in piedi su carri trainati da quattro cavalli. I carri stessi erano costruiti in legno, con

componenti in terracotta, ed erano posizionati per trasmettere movimento e prontezza al combattimento.

Armi e armature trovate con le figure

L'Esercito di Terracotta era dotato di una vasta gamma di armi, molte delle quali sono state straordinariamente ben conservate. L'arsenale comprende spade di bronzo, lance, balestre e punte di frecce, che riflettono la metallurgia avanzata del periodo Qin. Le armi erano progettate sia per la durabilità che per l'efficienza, spesso dotate di sofisticate tecniche di produzione come la cromatura per prevenire la ruggine.

Oltre alle armi, le figure erano adornate con vari tipi di armature. I soldati di fanteria indossavano tuniche e armature, mentre gli ufficiali di rango superiore avevano equipaggiamenti più elaborati e protettivi. La lavorazione dettagliata dell'armatura, inclusa la raffigurazione di scaglie e rivetti, evidenzia l'importanza del realismo e l'attenzione ai dettagli degli artigiani.

La costruzione dell'Esercito di Terracotta fu un'impresa colossale che combinò una pianificazione meticolosa, materiali e tecniche avanzati e il lavoro di migliaia di artigiani e lavoratori qualificati. La diversità e la complessità delle figure, insieme alle loro armi e armature realistiche, sottolineano il significato di questo straordinario ritrovamento archeologico.

Capitolo 4: I Guerrieri Svelati

Tipi di guerrieri

L'Esercito di Terracotta è una forza diversificata e meticolosamente realizzata, che rappresenta vari gradi e ruoli all'interno del formidabile esercito di Qin Shi Huang. Ogni tipo di guerriero (fanteria, arcieri, cavalleria e aurighi) riflette la struttura e la strategia dell'antica guerra cinese.

Fanteria

I soldati di fanteria costituiscono la spina dorsale dell'Esercito di Terracotta e costituiscono il gruppo più numeroso tra le figure. Sono raffigurati in fila, pronti per la battaglia. Questi soldati indossano tuniche e giubbotti corazzati, dotati di armi come lance, spade e pugnali. Le figure della fanteria mostrano una vasta gamma di gradi, dai fanti agli ufficiali di alto rango, distinti dalle loro armature e copricapi.

Arcieri

Gli arcieri dell'Esercito di Terracotta sono raffigurati in due posizioni distinte: in ginocchio e in piedi. Gli arcieri in ginocchio sono posizionati con un ginocchio a terra, le braccia tese come se mirassero con gli archi. Gli arcieri in piedi sono mostrati in una posizione preparatoria, pronti a ingaggiare. La lavorazione dettagliata degli arcieri, compresi i loro vestiti e le loro armi, riflette il loro ruolo cruciale nella guerra antica, fornendo capacità sia offensive che difensive.

Cavalleria

Le figure della cavalleria sono raffigurate accanto a cavalli di terracotta a grandezza naturale, sottolineando l'importanza delle unità a cavallo nell'esercito di Qin Shi Huang. I cavalieri indossano lunghi cappotti ed elmi, indicativi del loro status più elevato e della loro mobilità sul campo di battaglia. I cavalli, finemente scolpiti con briglie e selle, trasmettono forza e prontezza. Questa combinazione di cavaliere e cavallo enfatizza il ruolo della cavalleria negli assalti rapidi e nelle manovre di fiancheggiamento.

Aurighi

Gli aurighi rappresentano un segmento sofisticato ed elitario dell'Esercito di Terracotta. Queste figure sono mostrate in piedi su carri trainati da quattro cavalli, con i conducenti dei carri che tengono le redini e i guerrieri che brandiscono armi. I carri, costruiti con componenti in legno e terracotta, sono progettati per trasmettere movimento e potenza. Gli aurighi erano fondamentali nelle antiche battaglie per la loro velocità e capacità di sfondare le linee nemiche, riflettendo l'abilità tattica delle forze di Qin Shi Huang.

Distinzioni di rango e uniformi

I Guerrieri di Terracotta si distinguono per i loro gradi e le uniformi, che forniscono informazioni sulla gerarchia militare della dinastia Qin. Il rango di ogni figura può essere dedotto dai suoi vestiti, armature e copricapi.

I soldati comuni indossano tuniche e armature più semplici, mentre gli ufficiali e le figure di alto rango sono adornati con equipaggiamenti più elaborati e protettivi. Le uniformi degli ufficiali includono vesti più lunghe, intricati disegni di armature e copricapi distintivi, come berretti ed elmetti, a significare il loro status elevato. L'attenzione al rango e alle distinzioni uniformi evidenzia la natura disciplinata e gerarchica dell'esercito Qin.

Dettagli artistici

I dettagli artistici dei Guerrieri di Terracotta testimoniano l'abilità e la creatività degli artigiani che li hanno realizzati. Ogni figura è unica, con caratteristiche facciali ed espressioni personalizzate, che mostrano un notevole livello di realismo e attenzione ai dettagli.

Caratteristiche facciali e individualismo

I volti dei Guerrieri di Terracotta sono uno degli aspetti più accattivanti. Non esistono due figure con le stesse caratteristiche facciali, suggerendo che gli artigiani potrebbero aver basato i loro progetti su veri soldati dell'esercito di Qin Shi Huang. La diversità nelle strutture facciali, nelle espressioni e persino nell'età, che va dal vigore giovanile alla maturità, aggiunge una qualità realistica alle figure.

Questo individualismo si estende alle espressioni catturate sui volti dei guerrieri, dalla calma determinazione alla feroce risolutezza. I meticolosi dettagli di occhi, nasi, bocche e orecchie, insieme a sottili variazioni nei lineamenti, conferiscono a ogni figura una personalità distinta.

Abbigliamento e acconciature

L'abbigliamento e le acconciature dei guerrieri sottolineano ulteriormente la loro individualità e il loro rango. I soldati di fanteria sono raffigurati con tuniche e armature corte, mentre gli ufficiali di rango superiore indossano vesti più lunghe e armature più elaborate. Gli arcieri, i cavalieri e gli aurighi hanno ciascuno un abbigliamento adatto ai loro ruoli specifici.

Anche le acconciature variano in modo significativo tra le figure. Alcuni guerrieri sono mostrati con i capelli legati in nodi, mentre altri hanno elaborati stili intrecciati o copricapi. Questi dettagli non solo riflettono la moda dell'epoca ma servono anche a distinguere il grado e il ruolo all'interno dell'esercito. L'attenzione degli artigiani all'abbigliamento e alle acconciature fornisce una ricca rappresentazione visiva delle strutture sociali e militari della dinastia Qin.

Colore e Conservazione

In origine, i Guerrieri di Terracotta erano dipinti con colori vivaci, rendendoli ancora più vicini alla vita. I colori vibranti includono rosso, verde, blu e viola, usati per dettagliare l'armatura, i vestiti e i volti dei guerrieri. Questo dipinto ha aggiunto un ulteriore livello di realismo e ha evidenziato l'impegno degli artigiani nel creare figure realistiche.

Dipinto originale

I guerrieri venivano rivestiti con uno strato di lacca prima di essere dipinti con pigmenti a base minerale. Questa lacca fornisce una superficie liscia per la vernice e aiuta a preservare i colori. Le caratteristiche dipinte dei guerrieri includono non solo i loro vestiti e le loro armature, ma anche i tratti del viso, aggiungendo profondità e carattere a ogni figura.

Stato di conservazione attuale

Nel corso dei secoli, gran parte della vernice originale si è sfaldata o è sbiadita a causa dell'esposizione all'aria e all'umidità. Quando i guerrieri furono scavati per la prima volta, l'improvvisa esposizione all'aria fece deteriorare rapidamente la lacca e i pigmenti. Nonostante queste sfide, rimangono tracce dei colori originali, fornendo preziosi spunti sull'aspetto delle figure quando furono create per la prima volta.

Gli sforzi per preservare e ripristinare i colori originali dei guerrieri sono in corso. Tecniche avanzate, come la ricostruzione digitale e l'analisi chimica, hanno aiutato i ricercatori a comprendere l'aspetto e la composizione originali delle vernici. Gli sforzi di conservazione mirano a stabilizzare i pigmenti rimanenti e prevenire un ulteriore deterioramento, garantendo che i Guerrieri di Terracotta continuino ad essere apprezzati nel loro pieno contesto storico e artistico.

L'inaugurazione dei Guerrieri di Terracotta rivela una straordinaria miscela di precisione militare, eccellenza artistica e significato culturale. La diversità delle figure, la lavorazione dettagliata e i colori vibranti originali riflettono la grandiosità della visione di Qin Shi Huang per la sua vita ultraterrena.

Capitolo 5: Misteri e teorie

Domande senza risposta

Perché un complesso funerario così vasto?

Una delle domande più sconcertanti è perché Qin Shi Huang, il primo imperatore della Cina, abbia commissionato un complesso funerario così esteso ed elaborato. La vastità del mausoleo, che copre un'area di circa 56 chilometri quadrati, non ha precedenti nella storia antica. Solo l'Esercito di Terracotta è composto da migliaia di figure a grandezza naturale, ciascuna meticolosamente realizzata e unica.

La spiegazione più ampiamente accettata è il desiderio di Qin Shi Huang di dimostrare il suo potere e la sua autorità senza pari, sia nella vita che nella morte. Creando un mausoleo grandioso e imponente, cercò di proteggere la sua eredità e trasmettere il suo dominio sul suo impero. L'Esercito di Terracotta, in particolare, aveva lo scopo di proteggerlo nell'aldilà, assicurando il suo regno continuato nel regno spirituale.

Un'altra teoria postula che l'ampio complesso funerario rifletta la profonda paura della morte di Qin Shi Huang e la sua ricerca dell'immortalità. L'ossessione dell'imperatore per l'aldilà e i suoi sforzi per raggiungere la vita eterna sono ben documentati. Il mausoleo, con la sua vasta gamma di figure e tesori, potrebbe essere stato progettato per replicare il suo impero terreno, fornendogli la stessa protezione e le stesse comodità di cui godeva in vita.

La forza lavoro e la tempistica per l'edilizia

La costruzione dell'Esercito di Terracotta e dell'intero complesso del mausoleo richiede un'immensa manodopera. I documenti storici suggeriscono che oltre 700.000 lavoratori furono arruolati per costruire il mausoleo, inclusi artigiani, operai e soldati. La portata e la complessità del progetto avrebbero richiesto un coordinamento preciso e ampie risorse.

La cronologia per la costruzione dell'Esercito di Terracotta rimane argomento di dibattito. Qin Shi Huang salì al trono all'età di 13 anni e poco dopo iniziarono i lavori per il suo mausoleo. La costruzione continuò durante il suo regno, durando quasi quattro decenni. Nonostante questo periodo prolungato, la durata esatta necessaria per completare l'Esercito di Terracotta rimane incerta.

Studi recenti suggeriscono che le figure siano state prodotte utilizzando un metodo di catena di montaggio, che avrebbe consentito una produzione efficiente e rapida. Questo approccio, combinato con la grande forza lavoro, potrebbe aver consentito il completamento dell'Esercito di Terracotta in un arco di tempo relativamente breve. Tuttavia, la tempistica precisa e le sfide logistiche implicate in un'impresa del genere continuano ad incuriosire i ricercatori.

Teorie e speculazioni

Collegamento alla ricerca dell'immortalità di Qin Shi Huang

La ricerca dell'immortalità di Qin Shi Huang è un tema centrale in molte teorie su l'Esercito di Terracotta. L'ossessione dell'imperatore per la vita eterna lo portò a cercare elisir e a consultare alchimisti e maghi, sperando di trovare un modo per sfuggire alla morte. Il mausoleo, con il suo design elaborato e l'inclusione dell'Esercito di Terracotta, può essere visto come una manifestazione fisica di questa ricerca.

Alcuni studiosi propongono che l'Esercito di Terracotta non fosse destinato solo a proteggere l'imperatore nell'aldilà, ma anche a fungere da forma di assicurazione spirituale. Creando un esercito dettagliato e realistico, Qin Shi Huang potrebbe aver creduto di poter esercitare il controllo sul regno spirituale, assicurandosi il dominio e salvaguardando il suo viaggio verso l'immortalità.

Questa teoria è supportata dalla presenza di altri elementi all'interno del complesso del mausoleo, come fiumi di mercurio, che gli antichi testi cinesi descrivono come aventi proprietà di prolungamento della vita. L'uso del mercurio, insieme ai preparativi per l'aldilà, sottolinea la determinazione dell'imperatore a raggiungere la vita eterna e la sua fede all'interconnessione del mondo fisico e spirituale.

Potenziali camere e contenuti non ancora scoperti

La scoperta dell'Esercito di Terracotta ha portato a speculazioni su altre potenziali camere e contenuti da scoprire all'interno del complesso del mausoleo. Sebbene l'Esercito di Terracotta rappresenti una parte significativa del luogo di sepoltura, solo una frazione dell'intero complesso è stata scavata. Il tumulo centrale, che si ritiene contenga l'effettiva camera funeraria di Qin Shi Huang, rimane scavato a causa delle preoccupazioni sulla conservazione e sui potenziali pericoli.

Secondo i testi antichi, si dice che la camera centrale della tomba contenga un vasto palazzo sotterraneo, completo di repliche di palazzi, torri panoramiche e funzionari. Si dice anche che la camera contenga una mappa dell'impero, con fiumi e mari rappresentati dal mercurio che scorre. Questa descrizione, se accurata, suggerisce che potrebbero esserci tesori e artefatti ancora più grandi in attesa di essere scoperti.

Il potenziale per le camere da scoprire si estende oltre la tomba centrale. Gli archeologi continuano a esplorare le aree circostanti, scoprendo nuove fosse e figure che contribuiscono alla nostra comprensione del sito. Queste scoperte in corso aumentano la possibilità allettante che altre camere e tesori nascosti si trovino sotto la superficie, in attesa di rivelare i loro segreti.

Teorie dei tesori nascosti

Oltre alle camere da scoprire, ci sono teorie secondo cui il complesso del mausoleo contenga tesori nascosti e manufatti di immenso valore. Alcuni ipotizzano che i beni personali dell'imperatore, inclusi gioielli inestimabili, bronzi intricati e altri oggetti di lusso, fossero sepolti con lui per accompagnarlo nell'aldilà.

La presenza di mercurio, rilevata a livelli elevati intorno al tumulo della tomba, dà credito a queste teorie. Il mercurio era molto apprezzato nell'antica Cina per le sue presunte proprietà di prolungamento della vita e il suo utilizzo nella tomba potrebbe indicare la presenza di oggetti significativi e di valore. Tuttavia, anche la potenziale tossicità del mercurio ha posto sfide a ulteriori esplorazioni.

Mentre gli archeologi utilizzano tecnologie avanzate, come il georadar e il telerilevamento, per esplorare il sito in modo non invasivo, continuano a scoprire nuovi indizi e ad affinare la nostra comprensione della disposizione e dei contenuti del mausoleo. Questi progressi tecnologici offrono la promessa di scoprire tesori nascosti preservando l'integrità del sito.

L'Esercito di Terracotta e il complesso del mausoleo di Qin Shi Huang rimangono una fonte di fascino e mistero duraturi. Le domande e le teorie senza risposta che circondano questo straordinario ritrovamento archeologico evidenziano le complessità dell'antica storia cinese e la natura enigmatica del suo primo imperatore.

Capitolo 6: Il complesso del mausoleo

Disposizione e architettura

Il complesso del mausoleo di Qin Shi Huang, il primo imperatore della Cina, è uno dei siti archeologici più imponenti ed estesi del mondo. Coprendo circa 56 chilometri quadrati, il complesso riflette la grandiosità e l'ambizione della visione dell'imperatore per la sua vita ultraterrena.

Descrizione dell'intero sito del mausoleo

Il complesso del mausoleo è incentrato su un grande tumulo di terra, che si ritiene ospitava la camera funeraria dell'imperatore. Questo tumulo è alto circa 76 metri e largo 350 metri e domina il paesaggio. Secondo i testi antichi, la camera funeraria sotto il tumulo è un elaborato palazzo sotterraneo, progettato per imitare il palazzo terreno dell'imperatore, completo di repliche di palazzi, torri panoramiche e la mappa del suo impero.

Intorno al tumulo centrale ci sono numerose fosse, ciascuna contenente diversi elementi del complesso. Le più famose di queste sono le fosse che ospitavano l'Esercito di Terracotta, situate a est del tumulo della tomba. La fossa 1, la più grande, contiene il corpo principale dell'esercito, con file di soldati di fanteria. La fossa 2 ospita un mix di cavalleria, fanteria, arcieri e carri, mentre la fossa 3 sembra essere il centro di comando con ufficiali di alto rango.

Oltre alle fosse dell'Esercito di Terracotta, il complesso del mausoleo comprende altre tombe e strutture. Queste fosse aggiuntive contengono vari manufatti e figure, tra cui carri e cavalli in bronzo, animali rari e persino acrobati e musicisti, suggerendo una rappresentazione vivace e sfaccettata della corte dell'imperatore.

Altre tombe e strutture all'interno del complesso

Il complesso del mausoleo non si limita all'Esercito di Terracotta. Gli scavi archeologici hanno rivelato una moltitudine di altre tombe e strutture, ciascuna delle quali si aggiunge alla complessità e alla ricchezza del sito. Alcune scoperte degne di nota includono:

1. **Carri e cavalli di bronzo:** Nel 1980, gli archeologi scoprirono due grandi carri di bronzo, ciascuno trainato da quattro cavalli di bronzo, vicino al tumulo della tomba centrale. Questi carri sono altamente dettagliati e realizzati in modo intricato, fornendo informazioni sulle conquiste tecnologiche e artistiche della dinastia Qin.
2. **Acrobati e Musicisti:** Oltre alle figure militari, sono state scoperte fosse contenenti figure di acrobati, ballerini e musicisti. Queste figure, raffigurate in pose dinamiche, suggeriscono che l'imperatore cercava di replicare le attività di intrattenimento e culturali della sua corte nell'aldilà.

3. **Animali rari:** Alcune fosse contengono figure di animali rari ed esotici, inclusi uccelli e creature mitiche. Questi animali potrebbero essere stati inclusi per simboleggiare il controllo dell'imperatore sulla natura e sui diversi regni del suo impero.
4. **Camere da scoprire:** Gli scavi in corso continuano a rivelare nuove fosse e camere, indicando che gran parte del complesso del mausoleo rimane inesplorato. Queste aree sconosciute promettono ulteriori approfondimenti sulla vita e sui tempi di Qin Shi Huang.

La disposizione architettonica del complesso del mausoleo riflette una combinazione di praticità e simbolismo. Il posizionamento dell'Esercito di Terracotta a est, la direzione associata alla rinascita e al rinnovamento nella cultura cinese, evidenzia il desiderio dell'imperatore di protezione e continuità nell'aldilà. L'inclusione di diverse figure e manufatti sottolinea l'ambizione dell'imperatore di ricreare il suo impero in miniatura, assicurando che il suo dominio si estenda oltre la morte.

Misure di protezione e sicurezza

Dato l'immenso valore e significato del complesso del mausoleo, sia nell'antichità che oggi, sono state adottate ampie misure per proteggere il sito dai saccheggiatori e garantire la conservazione per le generazioni future.

Misure adottate per proteggere la tomba dai saccheggiatori

Nei tempi antichi, proteggere il mausoleo dai saccheggiatori era una preoccupazione fondamentale. I documenti storici suggeriscono che Qin Shi Huang abbia implementato diverse misure di sicurezza per salvaguardare la sua ultima dimora:

1. **Trappole e allarmi:** I testi antichi descrivono l'installazione di varie trappole e allarmi all'interno della tomba per

scoraggiare e danneggiare potenziali saccheggiatori. Questi includono balestre attrezzate per sparare automaticamente e allarmi che suonano in caso di ingresso non autorizzato.

2. **Segretezza e sacrificio:** La costruzione del mausoleo fu avvolta nel segreto. I lavoratori coinvolti nella costruzione venivano spesso tenuti in isolamento per impedire loro di divulgare dettagli sul sito. Ci sono anche resoconti di lavoratori sepolti vivi per garantire la segretezza della posizione e della disposizione della tomba, sebbene queste affermazioni siano ancora dibattute tra gli storici.

3. **Posti di guardia:** Il mausoleo era probabilmente sorvegliato da soldati, sia durante che dopo la sua costruzione, per proteggerlo dai ladri di tombe. Lo stesso Esercito di Terracotta può essere visto come un'estensione di questa forza protettiva, destinata a custodire l'imperatore nell'aldilà.

Sforzi di conservazione dei giorni nostri

Oggi, la protezione e la conservazione del complesso del mausoleo sono intraprese da archeologi, conservatori e agenzie governative. Sono in atto diverse misure chiave per garantire la conservazione del sito:

1. **Scavi controllati:** Gli scavi archeologici sono condotti attentamente e sistematicamente per ridurre al minimo i danni al sito. Tecnologie avanzate, come il georadar e il telerilevamento, vengono utilizzate per mappare il complesso e pianificare gli scavi senza disturbare le strutture.
2. **Controllo ambientale:** La conservazione dei Guerrieri di Terracotta e di altri manufatti dipende fortemente dalle condizioni ambientali. Gli sforzi di conservazione includono il controllo dell'umidità, della temperatura e dell'esposizione alla luce per prevenire il deterioramento. Per proteggere gli oggetti

delicati vengono utilizzati contenitori speciali e strutture climatizzate.
3. **Restauro e Stabilizzazione:** I conservatori lavorano per stabilizzare e restaurare i Guerrieri di Terracotta e altri manufatti. Ciò comporta la pulizia, la riparazione e talvolta il riassemblaggio dei pezzi rotti. Vengono inoltre compiuti sforzi per preservare le tracce rimanenti della pittura originale sulle figure.
4. **Ricerca e documentazione:** La ricerca e la documentazione continue sono essenziali per la conservazione del sito. Vengono mantenute registrazioni dettagliate di scavi, metodi di conservazione e ritrovamenti per guidare gli sforzi futuri e migliorare la nostra comprensione del complesso del mausoleo.
5. **Istruzione pubblica e accesso:** Il sito è aperto al pubblico, con misure in atto per proteggere i manufatti consentendo ai visitatori di apprezzare il significato storico e culturale. Programmi educativi e

mostre contribuiscono a sensibilizzare l'opinione pubblica sull'importanza di preservare questo patrimonio.

Il complesso del mausoleo di Qin Shi Huang è una testimonianza della grandezza e dell'ambizione del primo imperatore della Cina. La sua disposizione e l'architettura riflettono una sofisticata miscela di praticità e simbolismo, progettata per garantire la protezione e la continuità dell'imperatore nell'aldilà.

Capitolo 7: Innovazioni tecnologiche

Meraviglie dell'ingegneria

L'Esercito di Terracotta e il complesso del mausoleo più grande testimoniano l'ingegnosità ingegneristica dell'antica Cina. Le dimensioni, la precisione e la complessità del sito richiedevano approcci innovativi alla costruzione e alla logistica.

Innovazioni nell'edilizia e nella logistica

La costruzione dell'Esercito di Terracotta ha comportato una pianificazione e un coordinamento meticolosi. Gli artigiani e gli operai che hanno lavorato al progetto hanno sviluppato diverse tecniche innovative per gestire la vasta scala e gli intricati dettagli delle figure.

1. **Produzione modulare:** Le figure dell'Esercito di Terracotta sono state prodotte utilizzando un approccio

modulare. Diverse parti delle figure, come teste, torsi e arti, sono state realizzate separatamente e poi assemblate. Questo metodo ha consentito una produzione efficiente e ha facilitato la creazione di migliaia di figure uniche in un tempo relativamente breve.

2. **Tecnologia del forno:** Le figure di argilla venivano cotte in grandi forni, alcuni dei quali potevano ospitare più figure contemporaneamente. Lo sviluppo e l'utilizzo di questi grandi forni furono fondamentali per il successo della produzione dei Guerrieri di Terracotta, garantendo uniformità e durata.

3. **Tecniche di produzione di massa:** L'uso di stampi standardizzati per le diverse parti delle figure, combinato con la rifinitura manuale per aggiungere dettagli unici, esemplifica le prime tecniche di produzione di massa. Questo approccio non solo ha accelerato il processo di produzione, ma ha anche mantenuto un alto livello di artigianalità.

4. **Logistica e Gestione del Lavoro:** Coordinare gli sforzi di centinaia di migliaia di lavoratori per diversi decenni ha richiesto una sofisticata pianificazione logistica. La forza lavoro comprendeva non solo artigiani e operai, ma anche ingegneri, supervisori e responsabili della catena di fornitura che assicuravano la fornitura tempestiva dei materiali e la supervisione delle attività di costruzione.

Uso della metallurgia avanzata e delle armi

L'Esercito di Terracotta non è solo una meraviglia dell'ingegneria, ma anche una vetrina di tecniche metallurgiche e armi avanzate. Le armi trovate con i Guerrieri di Terracotta, comprese spade, lance e dardi di balestra, dimostrano l'alto livello di competenza tecnologica raggiunto durante la dinastia Qin.

1. **Fusione in bronzo:** Le armi dell'Esercito di Terracotta erano realizzate principalmente in bronzo, una lega di rame e stagno. Le tecniche di fusione

utilizzate per produrre queste armi erano altamente avanzate, risultando in strumenti di guerra forti e durevoli. Le armi di bronzo venivano fuse in stampi e poi rifinite con dettagli raffinati e affilatura.
2. **Cromatura:** Uno dei risultati tecnologici più notevoli è l'uso della cromatura su alcune armi di bronzo. Questa tecnica, che prevede l'applicazione di un sottile strato di cromo sulla superficie, ha notevolmente migliorato la resistenza alla corrosione delle armi. Questa innovazione ha assicurato che molte delle armi rimangono affilate e ben conservate fino ad oggi.
3. **Standardizzazione e controllo qualità:** Le armi sono state prodotte con un elevato grado di standardizzazione, garantendo uniformità e intercambiabilità. Questa standardizzazione si estendeva alle misure di controllo della qualità, con le armi ispezionate e testate per soddisfare standard rigorosi. La presenza di iscrizioni su alcune armi, indicanti l'officina e

l'ispettore di qualità, attesta questo rigoroso processo di controllo qualità.

Tecniche archeologiche moderne

La scoperta e lo studio in corso dell'Esercito di Terracotta sono stati notevolmente migliorati dalle moderne tecniche archeologiche. I progressi nello scavo, nella conservazione e nella tecnologia hanno consentito ai ricercatori di scoprire e proteggere i tesori del sito, acquisendo allo stesso tempo informazioni più approfondite sulla sua costruzione e sul suo significato.

Progressi nei metodi di scavo e conservazione

Lo scavo e la conservazione dell'Esercito di Terracotta presentano sfide uniche, date le dimensioni del sito e la natura delicata dei manufatti. Le tecniche moderne sono state determinanti nell'affrontare queste sfide e nel garantire la conservazione a lungo termine del sito.

1. **Scavo controllato:** Gli archeologi utilizzano tecniche di scavo controllate per scoprire sistematicamente figure e manufatti. Questo approccio riduce al minimo i danni e garantisce che il contesto di ciascun ritrovamento sia attentamente registrato. La documentazione dettagliata, comprese fotografie, disegni e note, viene conservata durante tutto il processo di scavo.
2. **Controllo del clima:** La conservazione dei Guerrieri di Terracotta e di altri manufatti dipende fortemente dalle condizioni ambientali. Sono state costruite strutture specializzate a clima controllato per ospitare ed esporre le figure, proteggendole dall'umidità, dalle fluttuazioni di temperatura e dall'esposizione alla luce che potrebbero causare deterioramento.
3. **Stabilizzazione chimica:** Per prevenire un ulteriore degrado, soprattutto della vernice rimanente sulle figure, i

conservatori utilizzano tecniche di stabilizzazione chimica. Questi metodi prevedono l'applicazione di consolidanti e sigillanti che stabilizzano la superficie e proteggono i pigmenti originali.
4. **Tecniche di restauro:** Gli sforzi di restauro comportano un'accurata pulizia, riparazione e, in alcuni casi, il riassemblaggio dei pezzi rotti delle figure. I conservatori utilizzano strumenti e tecniche avanzati per riportare le figure al loro aspetto originale preservandone l'integrità storica.

Uso della tecnologia per scoprire i segreti del sito

L'applicazione della tecnologia moderna ha rivoluzionato lo studio dell'Esercito di Terracotta, consentendo agli archeologi di scoprire segreti precedentemente nascosti.

1. **Radar a penetrazione del suolo (GPR):** Il GPR viene utilizzato per esaminare il sito in modo non invasivo, rivelando

l'ubicazione delle strutture sotterranee e delle anomalie. Questa tecnologia aiuta gli archeologi a pianificare gli scavi e a identificare le aree di interesse senza disturbare la superficie.
2. **Scansione e modellazione 3D:** La tecnologia di scansione 3D ad alta risoluzione viene utilizzata per creare modelli digitali dettagliati delle figure e del sito. Questi modelli facilitano lo studio e la conservazione dei manufatti, consentendo ai ricercatori di analizzare le figure in dettaglio e condurre ricostruzioni virtuali.
3. **Telerilevamento:** Le tecniche di telerilevamento, tra cui la fotografia aerea e le immagini satellitari, forniscono una visione completa del complesso del mausoleo. Questi metodi aiutano a identificare strutture precedentemente sconosciute e a comprendere il layout più ampio del sito.
4. **Analisi geochimica:** Tecniche chimiche avanzate vengono utilizzate per analizzare

la composizione dell'argilla, dei pigmenti e di altri materiali. Questa analisi fornisce approfondimenti sull'approvvigionamento dei materiali, sui processi di produzione e sulle condizioni di conservazione delle figure.

5. **Analisi del DNA e degli isotopi:** I recenti sviluppi nell'analisi del DNA e degli isotopi hanno consentito ai ricercatori di studiare i resti di animali ed esseri umani trovati nel sito. Queste tecniche forniscono informazioni sulla dieta, sulla salute e sulle origini degli individui associati all'Esercito di Terracotta, facendo luce sul contesto sociale e culturale della dinastia Qin.

Le innovazioni tecnologiche associate all'Esercito di Terracotta abbracciano sia i tempi antichi che quelli moderni. Le meraviglie ingegneristiche della dinastia Qin, comprese le tecniche di costruzione avanzate e la metallurgia, dimostrano la raffinatezza e l'ambizione del regno di Qin Shi Huang. I moderni metodi archeologici, sfruttando la tecnologia all'avanguardia, continuano a svelare i segreti dell'Esercito di Terracotta, approfondendo la nostra comprensione di questo ineguagliabile tesoro archeologico.

Capitolo 8: L'eredità dell'Esercito di Terracotta

Impatto culturale

L'Esercito di Terracotta occupa un posto speciale nella storia e nella cultura cinese. La sua scoperta non solo ha fatto luce sulla grandezza della dinastia Qin, ma ha anche riaffermato il ricco patrimonio culturale della Cina.

Influenza sulla storia e sulla cultura cinese

Il ritrovamento dell'Esercito di Terracotta ha fornito preziose informazioni sulla vita e sui tempi di Qin Shi Huang, il primo imperatore della Cina. Ha sottolineato il suo ruolo nel unificare la Cina e gettare le basi per il futuro sviluppo della nazione. I Guerrieri di Terracotta, con la loro meticolosa maestria e grandezza, evidenziano lo stato avanzato dell'arte, della tecnologia e dell'organizzazione durante la dinastia Qin.

1. **Rivalutazione di Qin Shi Huang:** Prima della scoperta, Qin Shi Huang era spesso visto come un tiranno i cui metodi duri mettevano in ombra i suoi successi. L'Esercito di Terracotta ha contribuito a una visione più equilibrata, riconoscendo i suoi contributi allo stato cinese, come la standardizzazione di pesi e misure, la creazione di una valuta unificata e la costruzione di un'ampia rete stradale.
2. **Eredità artistica e tecnologica:** L'artigianato dei Guerrieri di Terracotta ha ispirato artisti e studiosi moderni. Il livello di dettaglio e l'individualità di ogni figura riflettono una sofisticata comprensione dell'arte e dell'anatomia umana. Questa eredità continua a influenzare l'arte e le espressioni culturali cinesi contemporanee.
3. **Turismo e istruzione:** L'Esercito di Terracotta è diventato un'importante attrazione turistica, attirando milioni di visitatori a Xi'an. Ciò non solo ha dato impulso alle economie locali e nazionali,

ma ha anche facilitato una maggiore comprensione e apprezzamento della storia cinese sia tra i cittadini cinesi che tra i turisti internazionali. I programmi educativi e le mostre relative all'Esercito di Terracotta sono diventati parte integrante del curriculum culturale in Cina.

Ruolo nell'identità cinese moderna

L'Esercito di Terracotta è più di una meraviglia archeologica; è un simbolo dell'orgoglio e dell'identità cinese. La sua scoperta nel 1974 avvenne in un momento in cui la Cina stava emergendo da un periodo di sconvolgimenti politici e sociali, offrendo un simbolo unificante del patrimonio nazionale.

1. **Orgoglio nazionale:** L'esercito di Terracotta è celebrato come una delle più grandi conquiste dell'antica Cina. Rappresenta l'ingegno, l'abilità artistica e le capacità organizzative del popolo cinese. La sua importanza nelle

celebrazioni nazionali e nelle narrazioni culturali sottolinea il suo ruolo nel promuovere un senso di orgoglio e continuità.
2. **Diplomazia culturale:** L'Esercito di Terracotta è stato utilizzato come strumento di diplomazia culturale. Mostre dei guerrieri hanno viaggiato in vari paesi, mettendo in mostra l'antica eredità della Cina e promuovendo la buona volontà internazionale. Queste mostre hanno contribuito a rafforzare l'influenza culturale della Cina a livello globale.
3. **Identità e continuità:** L'eredità dell'Esercito di Terracotta rafforza l'idea di una civiltà cinese continua e duratura. Serve a ricordare le conquiste storiche della Cina e le sue tradizioni culturali durature, contribuendo a un senso collettivo di identità tra il popolo cinese.

Significato globale

L'importanza dell'Esercito di Terracotta si estende ben oltre i confini della Cina. La sua scoperta ha affascinato l'immaginazione globale ed è stata paragonata ad altri reperti archeologici monumentali.

Esposizione e interesse internazionale

L'Esercito di Terracotta è stato al centro di numerose mostre internazionali, attirando milioni di visitatori in tutto il mondo. Queste mostre hanno svolto un ruolo cruciale nel promuovere la consapevolezza globale e l'apprezzamento della storia e della cultura cinese.

1. **Mostre Internazionali:** I guerrieri sono stati esposti nei principali musei di tutto il mondo, tra cui il British Museum di Londra, la National Gallery of Art di Washington D.C. e il Louvre di Parigi. Queste mostre hanno spesso registrato il tutto esaurito, riflettendo l'immenso interesse e fascino del pubblico.
2. **Scambio culturale:** Queste mostre internazionali hanno facilitato lo scambio culturale e la comprensione reciproca.

Hanno offerto l'opportunità alle persone di tutto il mondo di interagire con la storia cinese e apprezzare la complessità e la ricchezza della sua antica cultura.
3. **Collaborazione accademica:** L'interesse globale per l'Esercito di Terracotta ha stimolato la collaborazione accademica internazionale. Ricercatori provenienti da vari paesi hanno lavorato insieme per studiare e preservare il sito, condividendo conoscenze e tecniche a beneficio del campo più ampio dell'archeologia.

Analisi comparativa con altre meraviglie antiche

L'Esercito di Terracotta viene spesso paragonato ad altre meraviglie antiche, sottolineando il suo posto unico nel patrimonio culturale mondiale.

1. **Le Piramidi di Giza:** Come l'Esercito di Terracotta, le Piramidi di Giza in Egitto sono strutture monumentali costruite per onorare e proteggere i morti. Entrambi riflettono l'immenso potere e le risorse

delle rispettive civiltà e le loro credenze nell'aldilà. Tuttavia, mentre le Piramidi furono costruite come tombe, l'Esercito di Terracotta funge da elaborata arte funeraria destinata ad accompagnare l'imperatore nell'aldilà.

2. **Il Colosseo Romano:** Il Colosseo romano e l'Esercito di terracotta illustrano entrambi l'abilità ingegneristica delle loro civiltà. Il Colosseo, con la sua imponente struttura ad anfiteatro, e l'Esercito di Terracotta, con le sue migliaia di figure a grandezza naturale, dimostrano le tecniche di costruzione avanzate e le capacità organizzative delle rispettive culture.

3. **L'acropoli di Atene:** L'Acropoli di Atene e l'Esercito di Terracotta sono entrambi simboli delle loro epoche culturali e storiche. L'acropoli, con i suoi templi e monumenti, rappresenta l'apice dell'arte e dell'architettura dell'antica Grecia. Allo stesso modo, l'Esercito di Terracotta incarna le conquiste artistiche e tecnologiche dell'antica Cina.

4. **Machu Picchu:** Machu Picchu, l'antica città Inca del Perù, condivide con l'Esercito di Terracotta un senso di mistero e stupore. Entrambi i siti sono situati in aree remote e riflettono le capacità architettoniche e ingegneristiche dei loro costruttori. Mentre Machu Picchu era una città vivente, l'Esercito di Terracotta è una rappresentazione di una corte dell'aldilà, ognuna delle quali offre spunti unici nelle rispettive culture.

L'eredità dell'Esercito di Terracotta è multiforme e duratura. Il suo impatto culturale sulla Cina è profondo e influenza sia la comprensione storica che l'identità moderna. Sulla scena globale, l'Esercito di Terracotta ha affascinato il pubblico, favorito lo scambio culturale e stimolato borse di studio internazionali. Il suo confronto con altre antiche meraviglie sottolinea il suo posto unico nel pantheon delle conquiste umane, consolidando il suo status di una delle scoperte archeologiche più significative di tutti i tempi.

Capitolo 9: Il futuro della ricerca

Scavi in corso

Lo scavo dell'Esercito di Terracotta è lungi dall'essere completato. Nonostante decenni di studi intensivi, gran parte del complesso del mausoleo rimane inesplorato. Vengono compiuti sforzi continui per scoprire nuove aree, analizzare i reperti esistenti e preservare i delicati manufatti per le generazioni future.

Stato attuale della ricerca e delle scoperte

Dalla scoperta iniziale nel 1974, gli scavi in corso hanno prodotto reperti significativi e approfondito la nostra comprensione dell'Esercito di Terracotta e del più ampio complesso del mausoleo.

1. **Nuovi box e figure:** Recenti scavi hanno portato alla luce ulteriori fosse contenenti non solo altri soldati ma anche altri tipi di figure, come acrobati, musicisti e animali

rari. Queste scoperte forniscono una visione più completa della visione dell'imperatore per la sua corte nell'aldilà e offrono approfondimenti sugli aspetti culturali e sociali della dinastia Qin.

2. **Manufatti e iscrizioni:** Oltre alle figure stesse, è stata ritrovata una grande quantità di manufatti, tra cui armi, strumenti e oggetti personali. Le iscrizioni su alcuni di questi oggetti forniscono preziose informazioni sugli artigiani che li realizzavano, sui laboratori in cui venivano prodotti e sulla struttura organizzativa della forza lavoro.

3. **Pratiche e rituali di sepoltura:** Le ricerche in corso sulle pratiche di sepoltura e sui rituali dell'epoca hanno rivelato cerimonie e offerte complesse progettate per garantire il viaggio dell'imperatore nell'aldilà. Queste pratiche evidenziano le credenze spirituali e religiose della dinastia Qin e la loro enfasi sull'aldilà.

Prospettive future per nuove scoperte

Il futuro della ricerca dell'Esercito di Terracotta è luminoso, con molte aree ancora da esplorare e molte domande ancora a cui trovare risposta.

1. **Camere inesplorate:** Grandi porzioni del complesso del mausoleo rimangono non scavate, compreso il tumulo centrale che si ritiene ospiti la camera funeraria di Qin Shi Huang. Si prevede che i progressi nelle tecnologie non invasive, come il georadar, svolgeranno un ruolo cruciale nell'identificazione e nell'accesso a queste aree inesplorate senza danneggiare il sito.
2. **Conservazione dei materiali organici:** La conservazione dei materiali organici, come tessuti, legno e pigmenti, rappresenta una sfida significativa. Si stanno sviluppando nuove tecniche e materiali di conservazione per stabilizzare e proteggere questi fragili manufatti,

garantendo che possano essere studiati e apprezzati dalle generazioni future.
3. **Ricerca interdisciplinare:** Si prevede che la collaborazione tra archeologi, storici, chimici e altri scienziati fornirà nuove informazioni sulla costruzione, l'uso e il significato dell'Esercito di Terracotta. La ricerca interdisciplinare aiuterà ad affrontare domande complesse sulla storia del sito, sulle persone che lo costruirono e sulla società in cui vivevano.

Sviluppi tecnologici

Il futuro dell'archeologia è modellato dai rapidi progressi della tecnologia. Queste innovazioni stanno trasformando il modo in cui i ricercatori studiano i siti e i manufatti antichi, fornendo nuovi strumenti per scoprire e comprendere il passato.

Tecnologie future in archeologia

Diverse tecnologie emergenti sono molto promettenti per il futuro studio dell'Esercito di Terracotta e di altri siti archeologici.

1. **Telerilevamento e imaging:** Tecniche come LIDAR (Light Detection and Ranging) e le immagini satellitari consentono agli archeologi di ispezionare vaste aree in modo rapido e accurato. Questi metodi possono rivelare strutture e caratteristiche nascoste, guidando futuri scavi e sforzi di ricerca.
2. **Scansione e stampa 3D:** La tecnologia di scansione 3D ad alta risoluzione consente la creazione di modelli digitali dettagliati di artefatti e strutture. Questi modelli possono essere utilizzati per analisi, ricostruzioni virtuali e mostre pubbliche. La tecnologia di stampa 3D consente inoltre la creazione di repliche accurate di fragili manufatti, facilitandone lo studio e l'esposizione senza rischiare di danneggiare gli originali.

3. **Analisi del DNA e degli isotopi:** I progressi nel sequenziamento del DNA e l'analisi degli isotopi stanno aprendo nuove strade per comprendere le persone e gli animali associati all'Esercito di Terracotta. Queste tecniche possono fornire informazioni su dieta, salute, origini e relazioni, offrendo una visione più sfumata della vita durante la dinastia Qin.
4. **Intelligenza artificiale e apprendimento automatico:** L'intelligenza artificiale e l'apprendimento automatico vengono sempre più utilizzati per analizzare set di dati di grandi dimensioni, identificare modelli e fare previsioni. In archeologia, queste tecnologie possono aiutare a ordinare e interpretare informazioni complesse, come la distribuzione dei manufatti, l'organizzazione del lavoro e le connessioni tra le diverse parti del sito.

Potenziale per nuove rivelazioni

L'applicazione di queste tecnologie avanzate racchiude il potenziale per scoperte rivoluzionarie e nuove rivelazioni su l'Esercito di Terracotta.

1. **Ricostruire l'aspetto originale:** Una delle prospettive più interessanti è la ricostruzione dell'aspetto originale dei Guerrieri di Terracotta. Tecniche avanzate di imaging e analisi stanno aiutando i ricercatori a identificare e ripristinare le tracce della pittura e delle decorazioni originali, fornendo uno sguardo vivido su come apparivano queste figure quando furono create per la prima volta.
2. **Comprendere il processo di costruzione:** L'analisi dettagliata dei metodi di costruzione e dei materiali utilizzati per creare l'Esercito di Terracotta sta facendo luce sulla logistica, sull'organizzazione e sulla manodopera coinvolta nel progetto. Questa ricerca sta rivelando la portata e la sofisticatezza

dell'operazione, nonché le abilità e le tecniche degli artigiani.
3. **Esplorando la Tomba Centrale:** Il tumulo centrale, che si ritiene contenga la camera funeraria di Qin Shi Huang, rimane uno dei più grandi misteri del sito. Si prevede che tecnologie non invasive e un'attenta pianificazione consentiranno infine ai ricercatori di esplorare quest'area, rivelando potenzialmente il luogo di riposo finale dell'imperatore e una ricchezza di manufatti e informazioni.
4. **Approfondimenti sulla società della dinastia Qin:** Le continue ricerche e analisi dell'Esercito di Terracotta e dei manufatti associati stanno fornendo informazioni più approfondite sugli aspetti sociali, politici e culturali della dinastia Qin. Ciò include l'organizzazione dello Stato, il ruolo dei militari, la vita quotidiana delle persone e le loro convinzioni sull'aldilà.

Il futuro della ricerca dell'Esercito di Terracotta è pieno di promesse e potenzialità. Si prevede che gli scavi in corso e l'applicazione di tecnologie avanzate forniranno nuove scoperte e intuizioni, migliorando la nostra comprensione di questo sito straordinario.

Conclusione

L'Esercito di Terracotta, una scoperta archeologica senza precedenti, ha affascinato il mondo con il suo significato storico, culturale e tecnologico. Questo libro ha approfondito i segreti e i misteri degli antichi guerrieri cinesi, esplorando gli intricati dettagli della loro costruzione, il contesto storico della loro creazione e la ricerca continua che continua a svelare i loro segreti. Concludendo, riassumiamo i punti chiave e riflettiamo sull'importanza e sul fascino duraturo dell'Esercito di Terracotta.

Riepilogo dei punti chiave

1. **Contesto storico e creazione:**
    - L'Esercito di Terracotta fu creato durante il regno di Qin Shi Huang, il primo imperatore della Cina, come parte del suo vasto complesso di mausolei. Questo progetto era una testimonianza della sua ambizione, riflettendo i suoi sforzi

per unificare la Cina e il suo desiderio di immortalità.
- La dinastia Qin, sebbene di breve durata, giocò un ruolo fondamentale nel plasmare la storia cinese. L'unificazione della Cina, la standardizzazione delle misurazioni e la costruzione di vaste infrastrutture sono stati risultati significativi.

2. **Scoperta e scavo:**
   - L'Esercito di Terracotta fu scoperto nel 1974 da agricoltori locali vicino a Xi'an, portando ad uno dei ritrovamenti archeologici più significativi del 20° secolo.
   - Gli scavi successivi hanno rivelato migliaia di figure a grandezza naturale, tra cui soldati, cavalli e carri, oltre a numerosi manufatti che forniscono informazioni sull'artigianato e sull'organizzazione dell'epoca.

3. **Meraviglie artistiche e tecnologiche:**
    - Le figure dell'Esercito di Terracotta sono notevoli per la loro lavorazione dettagliata, con ogni figura che mostra caratteristiche facciali, espressioni, vestiti e acconciature unici.
    - L'uso di tecniche metallurgiche avanzate, come la fusione del bronzo e la cromatura, evidenzia l'abilità tecnologica della dinastia Qin.
4. **Impatto culturale e globale:**
    - L'Esercito di Terracotta ha avuto un profondo impatto sulla cultura cinese, contribuendo all'orgoglio e all'identità nazionale. È celebrato come un simbolo del ricco patrimonio culturale e delle conquiste storiche della Cina.
    - Mostre internazionali e collaborazioni accademiche hanno

aumentato la consapevolezza e l'apprezzamento globale dell'Esercito di Terracotta, favorendo lo scambio culturale e la comprensione reciproca.

5. **Ricerca in corso e prospettive future:**
   - Scavi continui e progressi nella tecnologia archeologica promettono di rivelare nuove scoperte e intuizioni. Tecniche come il georadar, la scansione 3D e l'analisi del DNA stanno rivoluzionando la nostra comprensione del sito.
   - Il futuro della ricerca dell'Esercito di Terracotta è luminoso, con molte aree ancora inesplorate e numerose domande ancora senza risposta.

Considerazioni finali

L'Esercito di Terracotta rappresenta una monumentale testimonianza dell'ingegno, dell'abilità artistica e delle capacità organizzative dell'antica Cina. La sua scoperta ha fornito numerose informazioni sulla dinastia Qin, facendo luce sugli aspetti politici, sociali e culturali dell'epoca. La vastità e la complessità del complesso del mausoleo, combinate con la meticolosa maestria delle figure, continuano a ispirare stupore e ammirazione.

L'importanza dell'Esercito di Terracotta va oltre il suo significato storico e culturale. Serve a ricordare in modo potente il desiderio umano di creare eredità durature e fino a che punto le società sono disposte a spingersi per onorare i propri leader e assicurarsi il loro posto nella storia. L'Esercito di Terracotta incarna lo spirito di innovazione e la ricerca dell'immortalità che ha guidato le civiltà umane per millenni.

Il mistero duraturo e il fascino dell'Esercito di Terracotta risiedono nella sua capacità di connetterci con il passato invitandoci a esplorare l'ignoto. Ogni nuova scoperta aggiunge un ulteriore livello alla nostra comprensione, mentre le vaste aree inesplorate del complesso del mausoleo ci stuzzicano con la promessa di ulteriori rivelazioni. Man mano che la tecnologia avanza e la ricerca continua, l'Esercito di

Terracotta continuerà senza dubbio a svelare i suoi segreti, offrendo nuove intuizioni e approfondendo il nostro apprezzamento per questo straordinario tesoro archeologico.

L'Esercito di Terracotta non è solo un risultato straordinario dell'antica Cina, ma anche un simbolo senza tempo della creatività umana, della resilienza e del perseguimento dell'eredità. Colma il divario tra passato e presente, ricordandoci il potere duraturo della storia di plasmare la nostra identità e ispirare il nostro futuro.

www.ingramcontent.com/pod-product-compliance
Lightning Source LLC
Chambersburg PA
CBHW050329230526
45471CB00005B/2411